Edition Motive

Johannes Kuhn

Laßt uns das Leben wieder leise lernen

kiefel

Viele möchten das, denn auf diesem Gebiet werden die Defizite immer größer. Aber zugleich fragen sie: Wie macht man das? Wir haben uns angewöhnt, der Machbarkeit aller Ideen und Sachverhalte zu trauen und wundern uns darüber, wenn das bei diesem Thema nicht aufgeht. Das Know-how unserer Fertigkeiten, bis hinein in die Psychologie hindert uns oftmals bei dem Versuch, das Leben wieder leise zu lernen.

Laßt uns das Leben wieder leise lernen …

Aber – noch einmal – wie? Und dieses »wie« mag einen bekümmern. Denn es ist herausgeboren aus einem lauten Umfeld, das mit seinem Geräuschpegel alle Lernversuche, zum leisen Leben zu gelangen, überdeckt. Freilich, irgendwann hat man es satt, so fremdbestimmt leben zu müssen, und sehnt sich und sucht nach hilfreichen Weisungen und Impulsen – wie z. B. von Antoine de Saint-Exupéry:

> »Man kann nicht mehr leben von Eisschränken, von Politik, von Bilanzen und Kreuzworträtseln. Man kann es nicht mehr. Man kann nicht mehr leben ohne Poesie, ohne Farbe, ohne Liebe.«

Das Leben wieder leise lernen …
Freilich, wird man damit einverstanden sein, vielleicht von vielen Zeitgenossen beiseite gerückt zu werden? Das Leben wieder leise zu lernen setzt ja ein Engagement voraus, das nicht mehr dem Ziel der Leistungssteigerung dient – wie viele Lernprozesse sonst.

Es ist eine Bewegung nach innen, in der es fast so etwas wie eine Bestandsaufnahme gibt: Was ist gut? Was ist schwer? Woher kommen die Kräfte – welche Lebens-Stichworte haben jetzt Vorrang?

Eines dieser Stichworte ist Gelassenheit. Früher hieß es sogar Gottgelassenheit. Eine Haltung, aus der man sich selbst, seine Zeit und Ziele, Gott überlassen kann. Man lernt dabei loszulassen, was wir sonst im Griffbereich unserer Hände haben.

Das Leben leise lernen – Demut ist ein weiteres Stichwort. Wo jeder vorn sein will, gehört Mut dazu, sich zurückzunehmen, das Leben langsamer angehen zu lassen, bewußter auszukosten und tiefer auszuloten.

Das Leben leise lernen – auch Dankbarkeit gehört dazu. Es ist das Empfinden dafür, daß alles, was im Leben wirklich zählt, Geschenk ist. Vieles davon ist ein Wunder, so wie Hilde Domin schreibt:

> Nicht müde werden
> sondern dem Wunder
> leise
> wie einem Vogel
> die Hand hinhalten

Das Leben wieder leise lernen …
Das hat nichts mit Leisetreterei zu tun. Eher mit der Einsicht, daß Leben mehr ist als die Summe unserer Erfolge. Günter Grass sagt dazu:

> Tour de France
> Als die Spitzengruppe von einem Zitronenfalter überholt
> wurde, gaben viele Radfahrer das Rennen auf.

Wohin wird es mit mir gehen? Wo werde ich ankommen? Wohin sind wir unterwegs? Wem werden wir begegnen auf diesem Weg? – Mehr Fragen als Antworten. Straßen und Wege sind unser Schicksal.

Wege wagen

Mancher wird an so etwas wie einem Scheideweg stehen. Das heißt, Entscheidungen fällen, die ihn in diese oder jene Richtung führen. Und manches Mal wird das ganz persönlich, sehr bedrängend, geradezu beängstigend, wenn einer zum anderen sagt: Hier trennen sich unsere Wege!

Und wie oft verharrt einer und sagt: Ich finde nicht mehr durch – da ist kein Weg mehr. Alles hat sich verlaufen an mir und in mir. Aber – ob uns da nicht das Wort eines Dichters treffen könnte?: »Wo kein Weg mehr ist, ist des Wegs Beginn.«

In der Bibel hat das Bild vom Weg viele Deutungen. Da werden Wege wie Aufforderungen zu Begegnungen beschrieben. »Du bist mein Weg«, sagt einer zum anderen und er meint damit: Mit dir zusammen habe ich Zukunft. Freilich, immer wieder geht ein scheinbar sicherer und einfacher Weg zu Ende. Und was nun? Und immer wieder geraten wir an eine Stelle, wo Wege sich teilen und wir nach einer Weisung ausschauen – wie weiter?

In der Bibel steht in Psalm 16 der Satz: »Du, Gott, tust mir kund den Weg zum Leben.«
Da gibt einer seine Erfahrungen an uns weiter: Du, Gott, öffnest mir Zukunft. Du überläßt mich nicht meiner Entscheidungsangst, Du bringst mein Leben in Bewegung.
»Du tust mir kund den Weg zum Leben«, mir, der ich krank bin.
»Du tust mir kund den Weg zum Leben«, mir, der nicht weiterweiß.
»Du tust mir kund den Weg zum Leben«, mir, der auf der Suche nach Sinn ist. Du, die Hoffnung.

Wie? »Ich bin der Weg«, sagt Jesus – das ist die Richtung.
»Ich kenne deinen Weg«, sagt er. »Vertraue mir doch.
Du wirst dich nicht verirren«, sagt er, »ich täusche dich nicht, und mit mir wirst du das Ziel nicht verfehlen.«

Es gibt Zeiten, da ist die Sehnsucht groß, die Natur wieder einmal mit allen Sinnen aufzunehmen. Wie? Oft weiß man das nicht mehr so recht. Aber dann kommt so ein Moment, da hockt man sich hin, streckt sich aus, träumt in den Himmel, wo der Sommerwind sein Spiel mit den Wolken treibt. Man denkt an Eichendorff: »Wünsche wie die Wolken sind, schiffen durch die weiten Räume. Wer erkennt's im lauen Wind, ob's Gedanken oder Träume.« So auf der Erde liegend – das gibt ganz andere Perspektiven. Aufrecht stehend ist man wie jemand, der die Welt unter seinen Füßen hat. Boden, den man ausmißt mit seinen Schritten, Land, über das man gleichgültig hinwegschreitet. Aber jetzt, da unten, das ist, wie wenn man sich von der Erde ans Herz nehmen läßt. Muß das nicht den Rhythmus verändern? Den Rhythmus des Herzens und der Gedanken? Rilke fällt einem ein: »Da leben Menschen, leben schlecht und schwer in tiefen Zimmern bange von Gebärde ... Und draußen wacht und atmet deine Erde. Sie aber sind und wissen es nicht mehr.«

Die Welt wieder entdecken

Ja, zu denen gehört man auch, die das nicht mehr wissen, die das wieder neu entdecken müssen. Mit den Augen zum Beispiel.

Aber noch mehr entdeckt man, dicht am Boden liegend. Plötzlich riecht man es geradezu: den Duft der Erde, den würzigen Geruch einer Waldwiese. Es ist lange her, daß man das so bewußt erlebt hat. Fast hat man vergessen, wie Gras duftet. Und vergessen, wie etwas aussieht, was wir nicht selber gemacht haben. Aber jetzt ist das alles ganz nah, zum Greifen nah. Jetzt, wo man die Berge sieht und den Käfer, der vor einem durchs Gras krabbelt. Jetzt, da man weiß: Dort hinauf – das schaffst du nicht mehr. Aber hier liegen und darüber nachdenken nach der Weise: »Die ganze Welt ist wie ein Buch ...« – das ist Glück genug.

Wie kann man heute leben? So fragen viele Menschen. Immer wieder in der Geschichte haben Menschen Antworten gesucht, haben aufgeschrieben und weitergegeben, welche Erfahrungen ihres Lebens ihnen wichtig waren – Lebensweisheiten der Bibel etwa. In einer Zeit, die dem Satz huldigt: »Wissen ist Macht«, scheint für die Weisheit nicht viel Spielraum zu bleiben. Dabei bedeutet Weisheit für die Seele das, was Gesundheit für den Körper ist. Wir haben in dem Drang nach immer mehr Wissen, nach umfassenderen Kenntnissen von Mensch und Welt das Geheimnis des »Umgangs mit dem Leben« – so möchte ich Weisheit definieren – verloren. Hängt das damit zusammen, daß wir sie zu sehr dem Alter zugeordnet haben? Die »Weisheit der Alten« war einmal sprichwörtlich. Muß dann dort, wo dem Alter und seinen Lebenserfahrungen kaum noch Spielraum eingeräumt wird, die Weisheit fast automatisch ihren Stellenwert verlieren? Dabei ist sie »Kunst zu leben«, die in langen Jahren gelernt sein will, damit das erreicht wird, was man einmal mit »Reifung« bezeichnet hat. Es scheint freilich so zu sein, daß der Mensch gerade heute dafür keine Zeit mehr hat. Er ist zum Sammler von viel Wissen geworden, ohne die Einzelheiten in jedem Fall auch einander zuordnen zu können. Das Ergebnis ist ein eher »kopflastiger Typ«, aber kein Mensch, der Herr seines Mutes und seiner Zeit ist.

Von der Weisheit der Seele

In der Bibel wird Weisheit groß geschrieben. Auf immer erneute Weise wird von ihr geredet. »Die Weisheit des Menschen erleuchtet sein Angesicht«. Mit anderen Worten, wer sie hat, strahlt etwas aus, von dem gehen Wirkungen aus, die das Zusammenleben leichter machen.

Um zu dieser Weisheit zu gelangen, bedarf es vor allem der Demut. So ist der Mensch weise, der nicht den Dingen nachtrauert, die er nicht besitzt, sondern sich der Dinge erfreut, die er hat.

Wir brauchen ein neues Nachdenken über das Danken. Denn es ist heute schwieriger geworden als früher. Gestiegene Ausgaben, gewachsene Ansprüche – wie kommt das Danken dagegen an? Vielleicht ist es nicht mitgewachsen, bei all dem, was wir an Fortschritt gewonnen haben.

Danken lernen

Bäume machen es anders. Je weiter sie nach oben streben, desto tiefer suchen ihre Wurzeln Halt im Boden. Das ist ein Bild für unsere Situation. Denn wer so viele Ansprüche an das Leben hat wie wir, der braucht tiefe Wurzeln. Und wer so viel kann wie wir, braucht viel Hilfe, um Mensch zu bleiben zwischen Rädern und Riemen, zwischen Motoren und Maschinen.

Unsere Dankbarkeit braucht Neuland, das in unser Nachdenken mit einbezogen wird, so wie es ein biblisches Wort sagt: »Gott hat noch mehr, das er dir geben kann, denn dies« (2. Chronik 25,9). Also mehr als Regen, Sonnenschein und tägliches Brot.

Was dazu gehören kann? Einsicht in das wirklich Wichtige für uns. Und er gibt Freude am Leben auch dort, wo nicht alle unsere Wünsche in Erfüllung gehen. Er befreit uns von der Vorstellung, daß nur der etwas ist, der viel hat. Das Mißverständnis des Reichtums – so Ernesto Cardenal – besteht darin, daß wir das, was wir haben, mit dem verwechseln, wer wir sind. Wir denken, wir wären mehr, wenn wir mehr haben. Und weil wir davon nicht genug kriegen können, wächst die Unzufriedenheit unter uns, und die Dankbarkeit bleibt auf der Strecke.

Kürzlich fand ich in unserem Briefkasten ein großes Stück Papier. Darauf stand mit großen Buchstaben und in ungelenker Schrift: »Lieber Gott ich dangk Dier das ich so ein schönes Leben Füren kan« (Eric, 8 Jahre). Ein paar Fehler – aber was für ein Herz voll spontaner Dankbarkeit!

Leid – es kommt als große Störung in unser Leben und isoliert uns. Und was dann? Müßte man jetzt nicht standhalten, sich selbst und allen Versuchen, sich zu betäuben? Aber was tut man wirklich? Man läuft vor sich selbst davon. Dabei sollten wir doch eigentlich nie irgendeine Beunruhigung aus unserem Leben ausschließen. Es könnte ja sein, daß gerade alles an uns arbeitet. Ja, es könnte sein, daß Kräfte gebunden werden, damit andere Kräfte sich entfalten können. Vielleicht muß man zum Beispiel erst wieder einmal bei sich selbst heimisch werden. Denn wie ist es mit uns? Wir lernen viel. Was wissen wir heute nicht alles und bleiben uns selbst doch oft fremd und rätselhaft. Alles ist ja nach außen gewandt. Das Leid aber wendet uns nach innen.

Glücklich die, die Leid tragen

Darüber sagte einmal Marie-Luise Kaschnitz: »Halte nicht ein bei der Schmerzgrenze. Halte nicht ein! Geh' ein Wort weiter, einen Atemzug über dich hinaus!«

Vielleicht heißt »leiden« dann nichts anderes als ein tieferes Leben führen.

Nun, es ist schwierig, über diese ganze Frage zu reden. Werden die Worte überhaupt jene erreichen, die wie hinter einem Schleier leben? Was dringt da noch durch? Wird es Einwände geben? »Sie haben gut reden!« – Das alles ganz gewiß. Aber jede Beunruhigung, alles das, worunter wir leiden, kann es nicht wie eine Botschaft sein? Eine Botschaft Gottes, die uns einzeln trifft, und es kommt jetzt darauf an, sie richtig zu entschlüsseln. Jesus kann einmal sagen: »Glücklich die, die Leid tragen, denn sie sollen getröstet werden«. Und das meint doch, daß sich da etwas verwandelt. Ja, daß der Mensch selbst verwandelt wird. Ob da nicht wieder etwas in Ordnung kommen könnte?

Wir haben viel gelernt und viele unter uns haben es weit gebracht. – Und was nun?
Ich denke an ein Wort aus 5. Mose 8,12:
»Wenn du gegessen hast und satt bist und schöne Häuser erbaust und darin wohnst, dann hüte dich, daß dein Herz sich nicht überhebt und du den Herrn, deinen Gott, vergißt!«

Gegen die Überheblichkeit

Das kann einen treffen. Vielleicht nicht einmal so sehr unsere Überheblichkeit, auch wenn das unter uns etwas ist, was ansteckend wirkt. Wir haben viel, wir können viel, wir sind viel. Wer kann uns noch ...? Aber Gott vergessen? Ist das gang und gäbe geworden über dem, was wir alles erreicht haben? Nicht nur auf dem Sektor von Besitz, sondern auch auf dem Sektor von Können, von Wissen, von Forschen? Warum hängt das so eng zusammen, viel haben, viel können und Gott verlassen? Bezahlen wir mit dem Verlust des Gottvertrauens jene anderen Gewinne? Unterliegen wir der Täuschung, daß nur das gilt, was wir essen, schmecken, mit unseren Händen festhalten können? Und, nachdem wir damit genug zu tun haben, ist das andere vergessen, verloren, einfach links liegengelassen worden?

Mancher sieht das ein und sagt es auch: »Was habe ich auf dem Weg zu dem vielen, was ich kann, doch auch alles verloren.« Aber aus Einsichten können ja auch Impulse für das Leben erwachsen. Und es kann dort anfangen, wo vielleicht einer wieder Gott dankt für das, was er hat. Und so etwas von jener Distanz gegenüber dem Seinigen gewinnt, die der Apostel Paulus einmal mit dem Satz beschreibt: »Haben, als hätte man nicht.« Das ist schwer genug und ist sicher ein Lernprozeß besonderer Art. Aber es bewahrt uns vor jener Überheblichkeit, in der man vergißt, wem allein alles zu verdanken ist.

Manchmal muß man sich gegenseitig Signale setzen. Hinweise, die auf etwas aufmerksam machen wollen, was auf keinen Fall verloren gehen sollte.

Was nicht vergessen werden sollte

Aber wie ist das mit einem Signal? Es macht aufmerksam: »Achtung! Da ist eine Nachricht unterwegs!« Es schafft Verbindung, dieses Signal: Niemand muß allein sein. Ein Signal will das Leben für uns öffnen, damit wir die Ohren spitzen, die Augen aufmachen, unser Wesen öffnen für das Neue, das Ungewohnte, das Überraschende. »Wie ist das mit diesem Signal«, wird mancher fragen. Hier ist es, ein Wort aus dem Leben und Mut zufließen möchte:
»Deine Sonne wird nicht mehr untergehen, denn der Herr wird dein ewiges Licht sein« (Jesaja 60, Vers 20).

Ein ziemlich kühner Satz. Einer von denen, die einem ein wenig den Atem verschlagen. Eigentlich möchte man einwenden: »Aber das Viele, was uns bedrückt. Die Wirklichkeit, was ist damit?«

Ja, die Realität, die wir oft so beschwören, der Augenschein sozusagen. Er ist es, der das, was uns Gottes Wort sagen will, oft fragwürdig macht. Da ist etwas in uns, das sagt: Das kann gar nicht stimmen! Du hast doch Augen im Kopf! Alles ist anders.

Aber da ist auch noch eine andere Stimme, die sagt uns: Halte fest! Jetzt, greif zu, hör hin, nimm das Signal auf: »Deine Sonne wird nicht mehr untergehen, denn der Herr wird dein ewiges Licht sein!«

Die Wirklichkeit? Die wird nicht überspielt. Der Jesus am Kreuz – der hat sie aufgenommen. Er ist auf dem Weg dorthin so weit gegangen, wie keiner unter uns ihm nachkommen kann. Bis dahin, wo er für uns in der Nacht ist, die nur Gott wieder zum Tag machen kann. Aber ist er damit nicht auch der, der uns die Welt wieder zu Gottes Welt, unser Leben wieder zum Leben, das Gott gehört, machen kann? Manchmal fängt das so an:
»Deine Sonne wird nicht mehr untergehen, denn der Herr wird dein ewiges Licht sein!«

Man sagt, wer traurig ist, soll sein Herz ausschütten. Wenn wir nur immer jemanden hätten, vor dem wir das könnten!

Ich denke an zwei Worte in der Bibel. Einmal heißt es in Psalm 62: »Schüttet euer Herz vor Gott aus!« – Und das ist wie eine Aufforderung, den Krug zu leeren bis auf den Grund. Aber noch deutlicher in einem anderen Wort:
»Ich, Gott, habe dein Gebet erhört und deine Tränen gesehen.« Das wird jemandem gesagt, der sich keine Chance mehr gibt. Einem Menschen, dem die Angst das Herz abschnürt und der dann das tut, was er vielleicht lange nicht mehr getan hat, zu rufen, zu beten: »Lieber Gott! Nun laß mich doch nicht so mir selbst und meinem Leid in die Hände fallen. Ich bin so traurig, weil alles über mir zusammenstürzt. Ich sehe nicht mehr hinaus. Aber ich rufe zu dir, und ich strecke meine Hand nach dir aus und hoffe auf dich!«

Weinen können

Das sagt nicht einer, der seiner selbst sicher ist, sozusagen in ansehnlicher Position vor sich und anderen, sondern der ganz schön weit unten ist. Und ich denke jetzt an manchen, dem ein neuer Tag nicht die neue Kraft und den neuen Mut gegeben hat, sondern der »nahe am Wasser gebaut« hat. Aber nun: »Ich habe dein Gebet erhört und deine Tränen gesehen«, sagt Gott. Das ist wie eine Einladung, vor ihm Schluß zu machen mit all dem, was wir an Image, Position und Selbstdarstellung voreinander brauchen: Sich ihm zu öffnen in stammelnder Bitte und für jene Tränen, deren Verweigerung uns oft hart und manchmal aggressiv machen. Beten und weinen. Manche bestätigt es darin, daß das Christentum eine ganz schön labile und wehleidige Sache ist, wie sie sagen. Sollen sie. Bis sie es merken, wie sehr das ein Mensch braucht, daß er weiß, an wen er sich wenden und vor wem er sich öffnen kann.

Und vielleicht merken wir, daß wir uns auch da einander mehr zumuten sollten – im Beten wie im Weinen. Eben Mensch sein dürfen und nicht Helden. Gefühle haben können und nicht Härte zeigen. Jedenfalls – Computer weinen nicht.

Ein Mensch ist gesegnet – das meint man nicht so, als ob man sich in besonderer Nachbarschaft zu Gott befände und anderen damit etwas voraushabe. Man meint das also nicht elitär, sondern so: »Wenn ich mein Leben überschaue, dann ist mir viel gegeben worden auf immer erneute Weise.« Und man kann das dann gar nicht anders als mit einer gewissen Demut sagen: »Ich bin ein gesegneter Mensch.« Oder – »dieser Mensch ist mir zum Segen geworden«. Man meint damit: Durch den habe ich etwas bekommen, was ich nirgendwo bekommen habe, der hat mir etwas vermittelt, ohne das ich nicht dort wäre, wo ich jetzt bin.

Segen erfahren

Mancher hat gedacht: Segen, das ist fast so etwas wie ein Zauber. Aber einer, der segnet, der empfängt und gibt Empfangenes weiter. Der ist wie ein Brunnen, aus dem man schöpft und schöpft. Aber nicht der Brunnen gibt, sondern die Quellen, die ihm zufließen. Wer denkt dabei nicht an das Gedicht vom Römischen Brunnen von Conrad Ferdinand Meyer:

> »Aufsteigt der Strahl und fallend gießt er voll der Marmorschale Rund, die, sich verschleiernd, überfließt in einer zweiten Schale Grund; die zweite gibt, sie wird zu reich, der dritten wallend ihre Flut und jede nimmt und gibt zugleich und strömt und ruht.«

Jede gibt und nimmt zugleich – nehmen von ihm und weitergeben. Wir nehmen den Segen als Menschen, die anderen zum Segen werden können. Welch eine hohe Aufgabe. Und welch ein Bewußtsein. Es könnte uns helfen, anders, höher, klarer und deutlicher von uns zu denken, als wir das immer wieder tun. Denn wieviel Kraft liegt darin, daß auf uns gelegt wird, was wir anderen mitbringen können.

Hoffnung – ein Lebensthema, denn Hoffnung, das ist Sauerstoff für die Seele. Wer keine Hoffnung hat, erstickt an der Gegenwart. Aber wie steht das mit unserer Hoffnung? Hat sie in uns Kräfte geweckt, mit denen wir Widerstände überwinden, Kummer und Not ertragen können?

Vom Wunder der Hoffnung

Ich habe einmal den Satz gelesen: »Was von Hoffnung überquillt, sind Gefängnisse und Krankenhäuser, aber nicht Charterflüge und Luxushotels« (Susan Sonntag). – Also überall dort, wo es unerträgliche Situationen gibt, entzündet sich Hoffnung. Wie sie ausschauen kann, dazu vielleicht ein paar Anstöße:

> **Hoffnung ist wie ein Fenster aus einem dunklen Zimmer auf einen hellen Hof –**
> **Hoffnung ist wie eine Tür, die ins Freie führt –**
> **Hoffnung ist wie eine Hand, an der ich sicher gehe –**
> **Hoffnung ist wie eine Blume, die nicht verblüht –**
> **Hoffnung ist wie ein heller Morgen nach einer schweren Nacht –**
> **Hoffnung ist wie ein Seil, das einem zugeworfen wird –**
> **Hoffnung ist wie eine gefundene Wegmarkierung im unbekannten Waldgebiet –**
> **Hoffnung ist wie ein gutes Wort nach einem langen, bitteren Schweigen.**

Solche Bilder hängen ja immer mit den Erfahrungen zusammen, die wir gemacht haben. Sicher, es wird auch da manchmal in den Bildern mehr Sehnsucht ausgesprochen als Wirklichkeit. Die Bibel redet von der Hoffnung, die einen langen Atem hat. Von Gott her bekommt sie ihre Kraft. »Gelobt sei Gott, der uns wiedergeboren hat zu einer lebendigen Hoffnung durch die Auferstehung Jesu Christi von den Toten« (1. Petr 3, Vers 1). Das ist nicht nur ein Bild, nicht der Entwurf eigener Sehnsucht. Es ist die Antwort Gottes auf unsere geheime Frage: Worauf können wir eigentlich noch hoffen? Es ist Hoffnung auf das Ganze, das Große, das Vollkommene. Lebendige Hoffnung! Das heißt doch, mit den Möglichkeiten Gottes rechnen und eben nicht nur vom Augenschein her urteilen. Wer so lebt, wird seine Umwelt, die kleine und die große, mit Hoffnung anstecken.

Um Vertrauen geht es im Leben, und wer nicht vertraut, macht sich selbst lebensunfähig. Was aus dem Vertrauen wächst, hat Zukunft. Wo Vertrauen fehlt, entstehen Mißverständnisse, gibt es Entfremdung, beginnen selbst langwährende Beziehungen sich zu verändern. Vertrauen also macht lebensfähig. Nicht umsonst hat schon der Psychologe Eriksen davon gesprochen, daß in jedem Menschen so etwas wie ein Urvertrauen angelegt ist; und dieses Urvertrauen wartet darauf, in unserem Leben umgesetzt zu werden.

Vertrauen ins Leben haben

Ohne Vertrauen wäre es manchmal so, wie ein Arzt einmal von den Menschen gesagt hat: Wenn jeder so etwas wie einen Knipser auf dem Bauchnabel hätte, auf der einen Seite steht »Ein«, auf der anderen Seite steht »Aus«. Mancher hätte längst aufgrund von seinen Lebensverhältnissen und seinen Schwierigkeiten den Schalter »Aus« gedrückt, um auf diese Art und Weise aus der Misere herauszukommen.

Aber, Urvertrauen ist nicht etwas an sich. Es gehört zu den besonderen Gaben, die Gott in unser Dasein hineingelegt hat als eine Grundvoraussetzung für Lebensbejahung. Von hier aus gibt es Ich-Stabilität, gibt es Einsicht auch in den eigenen Stellenwert der Person. So liegen Urvertrauen und Vertrauen ineinander. Eins lebt aus dem anderen.

Der Psychiater V. E. Frankl schreibt über uns: »Im Gegensatz zum Tier sagen dem Menschen keine Instinkte mehr, was er tun muß. Und im Gegensatz zum Menschen von gestern sagen dem Menschen von heute keine Traditionen mehr, was er tun soll. Nun, weder wissend was er tun muß, noch wissend, was er tun soll, scheint er oftmals nicht mehr recht zu wissen, was er im Grunde will.«

Aber es gibt auch diese ganz andere Lebenseinstellung, die unter dem biblischen Satz steht: »Die dem Herrn vertrauen, schöpfen neue Kraft«. Vertrauen öffnet einen Raum der Freiheit, der Verläßlichkeit, der dem Leben Sinn und Substanz gibt. Aber was nutzen alle Begriffsbestimmungen, wenn wir nicht mehr wissen, worauf und auf wen hin wir vertrauen sollen?

Veränderungen haben meistens etwas Bedrohliches. Wir fürchten uns vor ihnen, weil wir davon ausgehen, daß sie uns zuviel wegnehmen. Aber vielleicht geben sie uns ja auch etwas. Vielleicht gehören sie mit in den Plan Gottes von unserem Leben hinein, das schließlich nicht so etwas wie eine Garantie auf störungsfreien Fortgang hat.

Nur wer sich ändert, wird am Leben bleiben

Es ist, als würde man in der Unruhe im auf und ab neuer Lebenserfahrungen aufmerksam für das, was als orientierende Kraft und hilfreiche Wegweisung bezeichnet werden kann.

Die Anfechtung – also das »Auf-die-Probe-gestellt-werden« – macht wieder wach, lehrt »auf das Wort merken«. Meint das nicht, daß man ganz anders als bisher auf das biblische Wort hinhört? Daß man hellhörig wird für die Unter- und die Nebentöne, die auch dazu gehören? Plötzlich klingen Worte, die man bisher auswendig gewußt hat und die einem mehr oder weniger wie abgelegt erschienen, frisch, lebendig, neu. Sie haben fast etwas Zupackendes, und man fängt an, über die Zeitgemäßheit zu staunen; sie treten aus einem bloß historischen Erzählzusammenhang heraus.

Deshalb sollte man nicht allzu erstaunt darüber sein, daß sich manchmal eine Glaubensveränderung in einem anbahnt. Denn glauben heißt ja nicht, ein für allemal einen unverrückbaren Standpunkt haben. Glauben heißt doch: unterwegs bleiben, immer wieder aufzubrechen aus allem, was uns sicher und satt macht.

Viele Menschen sind heute unsicher. Das hängt damit zusammen, daß wir in einer Zeit leben, die alte Traditionen verabschiedet und neue Maßstäbe noch nicht gefunden hat. Die meisten von uns sehnen sich nach Ordnungen, die uns einen sicheren Boden unter die Füße geben, die uns helfen, Entscheidungen richtig zu treffen und unser Verhalten mit dem der anderen in harmonische und friedliche Übereinstimmung zu bringen. Es fehlt nicht an Ratgebern, die uns Wohlstand und glückliches Leben versprechen, aber die Erfahrung hat uns gelehrt, ihnen nicht allzu leichtgläubig zu vertrauen. Der Wohlstand muß mit harter Arbeit bezahlt werden, und für das glückliche und zufriedene Leben bleibt uns danach oft nicht mehr genug seelische Spannkraft und Ausgeglichenheit. Der Mensch kann allerhand dazu beitragen, daß sein Leben freundlich verläuft. Aber da bleibt vieles, was nicht in unsere Hand gegeben ist: Gesundheit oder Krankheit, die Menschen, mit denen wir zusammen unter einem Dach wohnen und zusammen arbeiten müssen, die Sicherheit des Arbeitsplatzes, Frieden und Ordnung in unserem Land und in der Welt, die so klein geworden ist, daß ferne Ereignisse in ihren Auswirkungen auch bei uns spürbar werden, die Sorge um die Zukunft, gesunde und wohlgeratene Kinder und schließlich die Zufriedenheit des Herzens.

Das Leben will eben gelernt sein

Wo finden wir einen Gewährsmann, bei dem die Ungewißheit und Unsicherheit dieser Welt und unseres Lebens aufgehoben ist? So haben die Menschen zu allen Zeiten gefragt, aber sie haben beim Menschen und auf dieser Erde keine Antworten und Lösungen gefunden, die auf Dauer Bestand gehabt hätten. Die Antwort kommt von außerhalb, von dem großen Gegenüber des Menschen, von seinem Schöpfer. Der fremde, unkenntliche Gott begegnet uns in Jesus ganz menschlich, damit wir mit ihm reden und seiner Nähe und Zuwendung ganz gewiß sein können.

Es wird im Psalm 92 einmal von Menschen, die in Gott verankert sind, gesagt: »Und wenn sie auch alt werden, so werden sie dennoch blühen, fruchtbar und frisch sein«. Gibt es das denn? Sind das nicht Illusionen? Alt werden und trotzdem blühen?

Keine Frage des Alters

Es gibt solche Menschen, denen neue Einsichten zuwachsen, die fruchtbare Gedanken haben, die mit ihrer Hilfsbereitschaft auch dürre Gefilde eines Altenheims wieder zum Blühen bringen können. An das Geheimnis ihrer Lebenskraft im Alter erinnern mich ein paar Sätze, die als »Gebet der unbekannten Äbtissin« viel Aufmerksamkeit erregt haben. In diesem Gebet heißt es unter anderem: »Herr, du weißt, daß ich altere und bald alt sein werde. Bewahre mich davor, schwatzhaft zu werden, und besonders vor der fatalen Gewohnheit, bei jeder Gelegenheit und über jedes Thema mitreden zu wollen. Befreie mich von der Einbildung, ich müßte anderer Leute Angelegenheiten in Ordnung bringen ... Aber du weißt, Herr, daß ich am Ende ein paar Freunde brauche. Ich wage nicht, dich um die Fähigkeit zu bitten, die Klagen meiner Mitmenschen über ihre Leiden mit nie versagender Teilnahme anzuhören. Hilf mir nur, sie mit Geduld zu ertragen, und versiegle meinen Mund, wenn es sich um meine eigenen Kümmernisse und Gebrechen handelt. Sie nehmen zu mit den Jahren, und meine Neigung, sie aufzuzählen wächst mit ihnen. Ich will dich auch nicht um ein besseres Gedächtnis bitten – nur um etwas mehr Demut und weniger Selbstsicherheit, wenn meine Erinnerung nicht mit der anderer übereinstimmt. Schenk mir die wichtige Einsicht, daß ich mich gelegentlich irren kann. Hilf mir, einigermaßen milde zu bleiben. Mach mich teilnehmend, aber nicht sentimental, hilfsbereit, aber nicht aufdringlich, Herr.«

Wie heißt es in jenem Psalm? »Und wenn sie auch alt werden, werden sie dennoch blühen, fruchtbar und frisch sein.«

Kürzlich habe ich von einem ganz ausgefallenen Beruf gehört. Eine Frau hat ihn für sich privat erfunden, sie arbeitet als Zuhörerin für ein Honorar von DM 20,– pro Stunde. Angeregt von der Telefonseelsorge, kam sie auf die Idee, Menschen zu helfen, die vereinsamt sind.
Und nun bietet sie sich in Inseraten als Zuhörerin an.

Vom Zuhören

Jene Frau hat eine interessante Entdeckung gemacht. »Die Leute, die zu mir kommen, suchen jemanden, der nicht gleich alles besser weiß und mit plumpen Besserwissereien kommt, sondern der nur stumm dasitzt und nichts anderes tut als zuhören«, schreibt sie. Erstaunlich! Vielen liegt offenbar sehr daran, aus dem Hexenkessel ihrer Gedanken herauszukommen. Sie suchen nicht zuerst Lösungen, Ratschläge, Diskussionen, sondern einfach jemanden, der ein paar Minuten Zeit hat, der einem ganz zugewandt ist, der zuhört.

Es muß nicht so bleiben, daß es Zuhörer nur noch von Berufs wegen gibt! Wir selbst werden Gelegenheit genug haben zum Zuhören. Vielleicht, daß wir sogar jemandem Mut machen, der zaudernd und verlegen stehenbleibt und dann nicht recht weiß, wie er es anfangen soll. Es wird dazugehören, daß wir nicht nur auf die Worte achten, sondern auch auf das, was sich oft genug hinter ihnen verbirgt: die Unruhe, die Einsamkeit, private oder berufliche Schwierigkeiten.
Oft sind ältere Menschen die besten Zuhörer; sie haben die Ungeduld mit sich und anderen überwunden, und wenn sie auf der Länge des Weges und aus der Fülle der guten und bösen Lebenserfahrungen ein gütiges Herz gewonnen haben, dann werden die jüngeren vielleicht kommen, Vertrauen haben und zuversichtlich fortgehen.
Von einem Menschen, der gut zuhören konnte, sagt Martin Buber: »Die Ohren waren ihm mit der Seele innig verbunden, so daß er keinen Laut mit den Ohren allein, sondern immer auch mit der Seele aufnahm.«

Im Grunde haben sie nichts miteinander zu tun, und doch bringen wir sie oft miteinander in Zusammenhang: das Auge und das Herz. Wir sagen von jemandem: »Hat der aber einen herzlosen Blick!« und wollen damit ausdrücken, daß ihm etwas Entscheidendes fehlt. Manchmal sagen das andere auch von uns. Zum Beispiel, wenn wir einen Menschen nur nach seinem Arbeitswert oder nach seinem Prestigewert, den er für uns hat, taxieren. Es ist jedenfalls ein Blick, der den Mitmenschen zum Objekt macht. Das kann auch so aussehen, daß ich jemanden so anschaue, als gäbe ich ihm dabei zu verstehen: »Dich kenne ich ganz genau. Von dir erwarte ich nichts mehr. Du bist eine Enttäuschung und bleibst eine!« Das gibt es doch, daß man sich so gegenübersitzt, daß man sich anschaut, und die Augen verraten alles. Und der so Angesehene wird verwirrt. Er wird traurig, weil er in den Augen des Gegenübers nichts mehr liest von einer Chance, die ihm noch bleibt.

Man sieht nur mit dem Herzen gut

Ja, es ist so eine Sache mit dem herzlosen Blick. Ob es nicht auch die andere Möglichkeit gibt? Der Dichter Saint-Exupéry kennzeichnet sie einmal mit dem Satz: » Man sieht nur mit dem Herzen gut!« Was ist das für ein Augenmaß? Hier ist es nicht die Genauigkeit, die einfach nur registriert. »Man sieht nur mit dem Herzen gut« – das ist wie ein Blick, aus dem der andere noch Verständnis, Geduld herauslesen kann, und auch ein bißchen das Staunen und die Neugier, die auf Überraschungen, auf positive Überraschungen hofft.

»Man sieht nur mit dem Herzen gut!« Ich könnte auch sagen: Wirklich erkennen kann ich einen Menschen nur dann, wenn ich ihn liebe. Wenn wir doch so aufeinander zugehen könnten, nicht fertig mit unseren Urteilen, sondern auf der Suche, uns zu verstehen. Und dazu gehört, daß ich mir Gedanken mache: Woher kommt der, mit dem ich so schlecht auskomme? Was hat ihn zu dem gemacht, der er ist? Welche Menschen sind um ihn herum? Welche Situationen haben ihn verführt, haben ihn mißtrauisch gemacht? Das alles kann gegenwärtig sein, wo einer den anderen mit dem Herzen ansieht.

Wie mit den Lebenszeiten,
so ist es auch mit den Tagen,
keiner ist uns genug,
keiner ist ganz schön,
und jeder hat, wo nicht seine Plage,
doch seine Unvollkommenheit;
aber rechne sie zusammen,
so kommt eine Summe
Freude und Leben heraus.

Friedrich Hölderlin

Bildnachweis:

Berrang-Peuthert, Torsten	Seite 24
Werner Dietrich	Seite 21, 23, 33, 41
Mark Döser	Seite 9, 39
Wolfgang Ehn	Seite 13, 19, 27, 28, 30
Ludwig Karner	Seite 14, 43
Karlheinz Klubescheidt	Seite 17, 37
Helmut Mülnikel	Titel
Bildarchiv Rodrun/Knöll	Seite 11
Matthias Schweitzer	Seite 34

Die Deutsche Bibliothek – CIP-Einheitsaufnahme

Laßt uns das Leben wieder leise lernen / Johannes Kuhn. –
Gütersloh : Kiefel, 2000
(Edition Motive)
ISBN 3-579-05835-5

ISBN 3-579-05835-5

Gestaltung: Init, Bielefeld
Reproduktion: Peter Karau, Bochum
Satz: Fotosetzerei Steggemann, Herford
Druck und Bindung: Těšínská Tiskárna AG, Český Těšín
Printed in Czech Republic